Eberhard Zirngiebl

Peter Arbues und die spanische Inquisition

Historische Skizze, zugleich Erläuterung zu W. von Kaulbachs Bilde Arbues

Eberhard Zirngiebl

Peter Arbues und die spanische Inquisition
Historische Skizze, zugleich Erläuterung zu W. von Kaulbachs Bilde Arbues

ISBN/EAN: 9783743652491

Hergestellt in Europa, USA, Kanada, Australien, Japan

Cover: Foto ©ninafisch / pixelio.de

Weitere Bücher finden Sie auf **www.hansebooks.com**

PETER ARBUES

UND DIE

SPANISCHE INQUISITION.

HISTORISCHE SKIZZE

ZUGLEICH

ERLÄUTERUNG ZU W. v. KAULBACHS BILDE »ARBUES«

VON

DR. EBERHARD ZIRNGIEBL.

DRITTE AUFLAGE.

MÜNCHEN.

THEODOR ACKERMANN.

1872.

Druck von C. R. Schurich in München

Dem XIX. Jahrhundert war es vorbehalten, durch Papſt Pius IX. und ſeine Jeſuiten eine Fabrikation von Dogmen und Heiligen ins Werk geſetzt zu ſehen, wie ſie vordem der chriſtlichen Welt nie geboten worden war. Dabei ſind, wie die Dogmen von der unbefleckten Empfängniſs, von der Allgewalt und Unfehlbarkeit des Papſtes, und wie die zahlloſen Stuhlſprüche des Syllabus, die Heiligſprechungen meiſt derart, daſs ſelbſt das gläubigſte Gemüth vor Weh aufſchreien möchte über die Zerſtörung des chriſtlichen Geiſtes und über die Vergewaltigung des heutigen chriſtlichen Culturzuſtandes. Die heiligſten Güter der Perſon und jedes perſönlichen Lebens — Wille und Urtheil ſoll der Einzelne aufgeben und nicht mehr in kindlichem Gehorſam vor Gott, ſondern in hündiſchem vor einer herrſchſüchtigen Hierarchie ſich beugen. Nicht mehr das zur ewigen Seligkeit Nothwendige wird beſorgt, ſondern einzig und allein das, was des Papſtes Macht und Ehre zum Schaden der chriſtlichen Liebe, der ſittlichen Freiheit und der geiſtigen Wahrheit fördert und fett macht.

Wenn man von dem 18. Juli 1870, an welchem der alte, geiſtig wie körperlich hinfällige Pius ſich

1*

felbſt die göttliche Eigenſchaft der Unfehlbarkeit auf
dem Glaubens- und Sittengebiete und die unbeſchränkte
Herrſchaft über alle Getauften zuſprach, — wenn man
von dieſem Tag des Unheils in der Kirche abſieht:
dann charakteriſirt wohl kein andrer Akt den Geiſt und
die Tendenz des Papſtthumes, wie es Pius IX. und
ſeine Jeſuiten ſich denken, in mehr zutreffender Weiſe,
als die Heiligſprechung des Peter Arbues von Epila.
Pius zählt ihn ausdrücklich in ſeiner bezüglichen Allo-
kution jenen Helden der Kirche bei, welche »mit
rühmlichem Wetteifer zur Vertheidigung des apoſto-
liſchen Stuhles, des Sitzes der Wahrheit und der
Einheit, zur Rettung der Glaubenseinheit, oder um
die vom Schisma der Kirche Entriſſenen wieder zurück
zu führen, gekämpft und den Tod erlitten haben«, —
obwohl, oder beſſer: weil zu deſſen Ruhm die hiſtoriſche
Kritik nichts zu ſagen weiſs, als daſs er »acerrimus
perſecutor haereſum« — der heftigſte Verfolger von
Andersgläubigen — geweſen iſt. Das ganze Sinnen
und Trachten dieſes neugeſchaffenen Heiligen war
Tag und Nacht auf Auffindung und Beſtrafung von
Ketzern gerichtet; und ſelbſt noch nach dem Tode
ſoll es ihm in den lichteren Höhen keine Ruhe ge-
laſſen haben. Zum öftern — melden die Acta Sanctorum — erſchien er in ſtiller Nacht einem Mönchlein,
um für die Gottwohlgefälligkeit ſeines Wandels auf
Erden Zeugniſs abzulegen und jedem ebenſo unbarm-
herzigen Ketzerrichter, wie er ſelbſt war, einen glor-
reichen Einzug in den Himmel zu verſprechen. Selbſt
den Titel eines Heiligen ſtellte er in Ausſicht. Wenn
ich auch noch kein Heiliger bin, meinte er einmal
ganz beſcheiden, ſo hoffe ich es doch in der Zukunft

zu werden. Er hatte gewifs fchon damals eine dunkle
Ahnung von Papft Pius IX.

Was aber auch, gelegentlich der Heiligfprechung
des Peter Arbues, über die haarfträubenden Gräuel der
Inquifition und über die bis in die Tiefen des Blödfinns
fich verlierenden frommen Betrügereien zum Zweck
einer mit dem Wahnglauben Hand in Hand gehenden
Wunderfabrikation in Ernft und Spott gefagt und ge-
fchrieben worden war: nichts vermag uns fo gedrängt
nach Inhalt und Form und doch fo ergreifend die
Schrecken jener düfteren Periode geiftiger Sklaverei
und allgemeiner religiöfer Verdunkelung zum Bewufstfein zu bringen, wie W. v. Kaulbachs berühmt ge-
wordenes Bild: »Peter Arbues von Epila verurtheilt
eine Ketzerfamilie zum Tode.« Alle Schandthaten und
Blutfcenen voll geiftiger und körperlicher Martern, wie
fie Jahrhunderte lang durch angebliche Nachfolger
deffen, der felbft am Kreuze noch für feine Feinde bat,
unter dem Deckmantel der Religion verübt worden
find, verftand der Künftler in einen bedeutfamen Moment zufammenzudrängen. Neben der blinden Wuth
des Fanatismus und der nimmerfatten Habfucht leuchtet der heilige Opfermuth und die Glaubenstreue;
neben der Kälte des gewohnheitsmäfsigen Richters
und Henkers ergreift uns fympathifch die Seelenangft
der Verurtheilten und der mit Flammen- und Rauch-
qual Kämpfenden. Düfterer Schatten lagert über den
Geftalten; nur jene Gruppe, aus der eine liebliche,
von dem feften Glauben an eine chriftlich mildere
Zukunft befeelte Jünglingsgeftalt fich erhebt, tritt ins
Licht. Das Bild ift nach Art der Kreidecartons in
grauen und braunen Oelfarben ausgeführt, die Con-

turen und Schattirungen find ftark mit Kohle unter-
zeichnet; aber gerade diefe Einfachheit der Behandlung
bringt die Macht der Idee felbft zu einem um fo
überwältigenderen Ausdruck.

Rechts vom Befchauer erhebt fich das düftere
Gebäude des Inquifitionstribunals. Zu den Stufen
deffelben haben zwei Mönche eine fechshäuptige Familie gebracht, welche des folgenfchweren Mackels
ketzerifcher Gottesverehrung befchuldigt ift; vors
offene Thor aber ift, von zwei Dienern geleitet und
geftützt, Peter Arbues von Epila getreten. Er hat fie
fchuldig befunden, und nun berührt er mit feinem
Krückftock die dem Tode Geweihten. Obwohl Arbues
bei feinem Tode noch im mittleren Mannesalter
ftand, ift er vom Künftler mit voller Berechtigung als
frühreifer, von fanatifcher Unruhe verzehrter und das
innere Geiftesdunkel in feinen dunkel gewordenen
Augenfternen wiederfpiegelnder Greis gezeichnet, aus
deffen laufchend vorgeftrecktem Antlitz wahnfinnige
Luft am Verdammen fpricht. Nicht Bitten, nicht
Schmerzensrufe und nicht Thränen vermögen ihn
oder feine Helfershelfer im Mönchshabit zu rühren;
im Angeficht des jüngeren Mönches allein fcheint
fich noch einiges Mitleid regen zu wollen. Höchft
charakteriftifch wählt aus der Gruppe der Gefangenen
der Krückftock des Mönches fich als erftes Opfer
die liebliche Jungfrau aus, die jammernd und geknickt
in den Armen des Vaters hängt. Diefer, eine kräftige
Mannesgeftalt, aus deffen Zügen hoher Seelenadel
leuchtet, fenkt auf fein geliebtes, dem Tod fo jung
geweihtes Kind den ruhigen Blick; er weifs aus Er-
fahrung, dafs das drohende Schickfal für ihn, Weib

und Kind unabänderlich ift. Ihm zur Seite kniet das
Weib mit dem ganzen Jammer des Mutterfchmerzes;
die gefeffelten Hände können nicht einmal den fo
ängftlich und doch fo arglos ins leidvolle Mutterantlitz
fchauenden Herzensliebling umfchlingen. Deffen Bruder
allein — hochaufgerichtet und heiligen Zorn fprühend
fteht er da, ein Bild der Jugend voll Muth und
Kraft und zugleich ein Bild lichtvollerer Zukunft.
Sein ganzes Wefen, fein nach oben gerichteter Finger-
zeig verkünden dem herzlofen Priefter und feiner
finftern Religion den gewiffen Untergang. Auch die
alte getreue Dienerin, die mit entfetztem Blick zu dem
gefürchteten Inquifitor auffchaut, wird vom Schickfal
ihrer Herrfchaft bedroht. Es ift eine erfchütternde
Scene. Sie wird durch die ftumpf und gleichgültig
blickenden Wächter zur einen und den nach den Schätzen
gierig hafchenden Mönch zur andern Seite, durch die
im Hintergrund brennenden Scheiterhaufen, deren Flammen und Qualm fo eben die Opfer eines graufamen
Wahnglaubens umzüngeln, und endlich durch die da-
zwifchen gefchobene Prozeffion Kienfackeln tragender,
mit ruhig gemeffenen Schritten um die Richtftätte
wallender Mönche bis zum tragifchen Höhepunkt ge-
hoben. Aber das Bild wäre ohne die an der Front
des Inquifitionspalaftes angebrachte Statue der ›gna-
denreichen‹ Gottesmutter, die damals geiftiger Wahn-
witz zur Schutzpatronin des graufenhafteften aller
Marterinftitute erhoben hatte, — wäre ohne das die
Mönchprozeffion überragende Bild des Gekreuzigten
und ohne den Heiligenfchein, welcher über dem Haupte
des eben fein graufames Amt übenden Inquifitors
fchwebt, nicht vollendet. Nur durch diefen Contraft

gelangt die Idee der Compofition, foweit fie den aus
der ›alleinfeligmachenden Kirche‹ entfproffenen finfte-
ren Geift der Verfolgung um des Glaubens willen
einfchliefst, zum vollen bildlichen Ausdruck. Damit
es aber nicht fcheine, als hätte es der Künftler auf
blofse Erregung von Abfcheu und Empörung des
fittlichen Gefühls abgefehen, rufen wir wieder in Er-
innerung jene begeifterte Jünglingsgeftalt mit der nach
oben weifenden Hand; denn in ihr culminirt der
Gedanke: Aus der Nacht zum Licht!

In PETER ARBUES drückt Papft PIUS IX. dem zu
jener Zeit in der Kirche herrfchenden Geift felber die
Krone der Heiligkeit auf. Nicht aus fich fchafft diefer
Mönch, fondern weil er fo fchaffen mufs — getrieben
von jenem Geifte, wie ihn die Jahrhunderte der Un-
duldfamkeit und Inquifition, des Aberglaubens und
der Hexenproceffe innerhalb des Entwicklungsganges
der chriftlichen Welt zum Ausdruck gebracht haben.
Niemand aber wird diefen Geift begreifen, dem nicht
zugleich die tiefer liegenden Urfachen offenbar geworden find. Sie laffen fich ohne viele Mühe in der
alten Lehre der römifch-katholifchen Kirche, dafs fie
ausfchliefslich allein die Schlüffel zur Pforte der ewigen
Seligkeit befitze, finden.

Es ift ein Lieblingsbild der Kirchenväter, dass
die Kirche eine einfame Arche fei, welche auf einem
grenzenlofen Meere des Verderbens umherfchwimme.
Innerhalb ihres gefchloffenen Raumes fei Seligkeit,
aufserhalb deffelben Seligkeit unmöglich. ›Ohne die

Kirche, fagt Origines, wird Niemand felig.‹ ›Niemand, fagt der heil. Auguftinus, gelangt zur Seligkeit und zum ewigen Leben, ausgenommen der, welcher Chriftus zu seinem Haupte hat; aber Niemand kann Christus zu feinem Haupte haben, ausgenommen der, welcher in feinem Körper, der Kirche, ift.‹ ›Wer von der katholifchen Kirche getrennt ift, erklärt die Synode von Zerta i. J. 412, fo unfchuldig fein Leben auch fein mag, für das Verbrechen allein, dafs er sich von der Einheit Chrifti getrennt hat, wird er kein Leben haben, fondern den Zorn Gottes über fich.‹

Die inhumanen Wirkungen folcher Lehre blieben nicht aus, fobald die Kirche zu Macht gelangte. Die religiöfe Verfolgung ift die unmittelbare practifche Folge, wenn Menfchen von einem tiefen und überzeugenden Glauben durchdrungen find, dafs ihre eigene Anficht in einer beftrittenen Frage über alle Möglichkeit des Irrthums erhaben ift.

Schon in den erften chriftlichen Jahrhunderten offenbarte fich diefer Geift der Verfolgung im Chriftenthum wider das Heidenthum und wider chriftlich-dogmatifche Widerfacher; doch waren glücklicherweife die Fanatiker noch von jener Anficht in der Kirche zurückgehalten, deren Hauptvertreter Tertullian und Lactantius waren, dafs nämlich ein Chrift unter keinen Umftänden feinen Mitmenfchen tödten dürfe, fei es durch Befchuldigung eines Capitalverbrechens, oder in der Eigenfchaft als Richter, Soldat oder Henker. Mit dem unterdrückten Heidenthum im römifchen Reiche verfchwand felbftverftändlich jener Geift nicht aus der chriftlichen Welt. Das Prinzip wurde vollftändig feftgehalten; nur wurde es felten in Anwendung

gebracht, weil hiezu wenig Gelegenheit fich bot. Der
Geift der damaligen chriftlichen Kirche war in völliger
Uebereinftimmung mit den geiftigen Bedürfniffen des
damaligen Europa.

Aber der Geift der Weltgefchichte kennt keinen
Stillftand. Bald ftrebte er über die Form hinaus, durch
welche die Kirche alle Lebensverhältniffe fich conform
gemacht hatte. Das trieb von felbft die Kirche, refp.
den an ihre Stelle getretenen Papismus, zum Kampf
gegen die gährenden Geifter. Im Laufe des zwölften
Jahrhunderts that fich diefer Wechfel kund und im
Beginn des nächften Jahrhunderts war ein vorher nie
gekanntes Syftem der Unterdrückung aller geiftigen Selb-
ftändigkeit gereift. Im Jahre 1208 gründete INNOCENZ
III. die Inquifition; 1209 begann SIMON DE MONTFORT
die Niedermetzelung der Albigenfer; im felben Jahre
fchärfte das Concil von Avignon allen Bifchöfen
ein, die weltliche Macht zur Ausrottung der Ketzer
anzuhalten, und verpflichtete das vierte Lateranconcil
(1215) alle Herrfcher, die für gläubig zu gelten
wünfchten, einen öffentlichen Eid abzulegen, dafs fie
ernftlich und bis zur vollen Ausdehnung ihrer Gewalt
fich bemühen würden, aus ihrem Reiche alle die auszurotten, welche von der Kirche als Ketzer gebrand-
markt würden. Und die Bulle Innocenz' III. bedrohte
jeden widerwilligen Fürften mit dem Kirchenbanne
und Verluft feiner Herrfchaft. Was dies Verhältnifs
fehr verfchärfte, war der fchwerwiegende Umftand,
dafs der Widerwille gegen Blutvergiefsen, der die
Kirchenväter fo ehrenhaft ausgezeichnet hatte, gänzlich verfchwunden war. Dafs die Kirche die Ausführung ihrer Erlaffe den weltlichen Richtern überwies,

denen bei Bannesſtrafe nicht geſtattet war, die Hin-
richtung länger als ſechs Tage aufzuſchieben: das
nimmt doch der Kirche die ſchwere Blutſchuld nicht
ab! Das Urtheil eines heil. Thomas von Aquin iſt
für jene Zeit charakteriſtiſch. »Wenn Geldfälſcher,
ſagt derſelbe in ſeiner Summa (P. II. qu. XI. art.
III), oder andere Uebelthäter ohne Verzug durch die weltlichen Herrſcher dem Tode übergeben werden, um
wie viel mehr dürfen Häretiker nicht nur excom-
municirt, ſondern ſogar mit Recht getödtet werden.«
Während vieler Jahrhunderte war beinahe ganz Europa
mit Blut überſchwemmt, das entweder auf direktes
Anſtiften der kirchlichen Autoritäten vergoſſen wurde,
oder unter dem Druck einer öffentlichen Meinung,
welche die katholiſche Geiſtlichkeit leitete und das
genaue Maſs ihres Einfluſſes war. Nach Errichtung
des Dominikanerordens umfaſste der Flächenraum der
Verfolgung faſt die ganze Chriſtenheit, und ſchreckte
dieſer unduldſame Geiſt ſelbſt vor der abſurdeſten
Conſequenz nicht zurück. Am 16. Februar 1568 ver-
dammte ein Urtheilsſpruch des heil. Officiums alle
Einwohner der Niederlande, drei Millionen Menſchen,
Männer, Frauen und Kinder, als Ketzer zum Tode;
nur wenige namentlich aufgeführte Perſonen wurden
von der allgemeinen Verdammniſs ausgenommen. Ein
zehn Tage ſpäter datirter kgl. Erlaſs beſtätigte dieſes
Dekret der Inquiſition und befahl ſeine ſofortige Ausführung. Glücklicherweiſe iſt ſolches raſcher befohlen,
als ausgeführt; es war auch ohnedies an Bluthoch-
zeiten in den Niederlanden kein Mangel. Dieſem Blut-
befehle rühmlich zur Seite ſteht die Behauptung des
»Repertorium Inquiſitorum«, daſs, wenn einige Ketzer

in einer Stadt fich befänden, die ganze Stadt deshalb füglich in Brand gefteckt werden könne. Aus Allem ift erfichtlich, dafs das Amt eines Inquifitors anftrengend war; aber es forderte von feinem Manne nicht blos raftlofc Thätigkeit, fondern auch ein durch Fanatismus eifengeftähltes'Herz wider Blut und Schmerz des zuckenden Opfers. Nicht eines rafchen fchmerzlosen Todes durften die Opfer fterben. Die Päpfte INNOCENZ IV. und CLEMENS IV. fchärften in Bullen die Prüfungsart der Tortur ausdrücklich ein. Und die päpftlichen Söldlinge im Mönchshabit befolgten nur zu genau folche Befehle. Die qualvollften Todesarten, die martervollften Todesqualen wurden erfonnen und in einer Ausdehnung angewendet, welche wahrfcheinlich ohne Gleichen in irgend einer früheren Periode war. Das aufserordentliche Raffinement der mittelalterlichen Torturen, die wunderbare Mannigfaltigkeit der Folterarten, die künftlerifche Gefchicklichkeit in Handhabung derfelben (man fchlage nur den Tractatus de Quaeftionibus des Marfilius, die Praxis Interrogandorum Reorum des Chartario, Simanca's Werk De Catholicis Inftitutionibus, Eymericus' Directorium Inquifitorum, Llorente's Hiftoire critique de l'Inquifition u. a. m. nach) geben aufs evidentefte Zeugnifs, dafs die mittelalterlichen Inquifitoren alle Quellen des höchften Scharffinns über den Gegenftand aufgeboten und ihn mit leidenfchaftlichem Eifer verfolgt hatten. Es ift bezeichnend für den Geift der Zeit, dafs der ficilianifche Inquifitor Paramo die Inquifition mit dem frommen Samaritaner vergleicht, indem ja auch fie in die verwundeten Länder den Wein von einer kräftigen Strenge, gemifcht mit dem Oel der Gnade, giefse. Mit raffinirter Scheinheiligkeit verbot man die Wiederholung der Tortur, erlaubte aber, dafs diefelbe drei Tage hintereinander fortgefetzt werden dürfe. Doch felbft in folch gefteigerten Folterqualen und vor dem lodernden Scheiterhaufen fand die Rache der Kirche wider die Abtrünnigen ihre Befriedigung nicht. Das Verbrechen des Ketzers wog fo fchwer, dafs (nach Paramo) etwas von feiner Unlauterkeit allen Verwandten anhafte und diefe mit Recht durch eine Confiscation des gefammten Eigenthums nicht bereuender Ketzer in Mitleidenfchaft gezogen werden. Die Kinder behielten nur in dem einzigen Falle ihr Erbtheil, wenn fie genug Schurkerei in fich hatten, um ihre Eltern zu verrathen.

Es ift gewifs intereffant, wenigftens ein paar der Fälle kennen zu lernen, in denen ein Menfch der Inquifition angezeigt werden mufste. Wer am Samftag ein frifches Hemd oder einen befferen Rock angelegt, oder ein weifses Tuch auf feinen Tifch gedeckt, oder ein Feuer anzuzünden unterlaffen hatte, war des heimlichen Judenthums dringend verdächtig, — auch derjenige, welcher etwa vor dem Schlachten die Klinge feines Meffers unterfucht, oder fich mit Juden zu Tifch gefetzt oder gar mit ihnen gegeffen hatte. Bei der fo grofsen Zahl von Fällen, in denen man anzeigen mufste, um nicht felbft verdächtigt zu werden und dann das Härtefte über fich ergehen laffen zu müffen, wurden Furcht und gegenfeitiger Argwohn die herrfchenden Gefühle. Die nächften Blutsverwandten fchenkten fich kein Vertrauen mehr. Später kam es fo weit, dafs, wer auch nur Mitleid mit dem Opfer der Inquifition hatte, ftraffällig wurde.

Soll ich, damit dies fchmerzenreiche Schaufpiel
in feiner vollen tragifchen Erfchütterung zur Geltung
kommt, noch daran erinnern, was die Mutter, das
Weib, die Schwefter, die Tochter des Ketzers durch
die Lehre, es feien die Todesqualen diefer Opfer der
alleinfeligmachenden Kirche nur das Vorfpiel der
ewigen Qualen im Jenfeits, gelitten haben mufs. Sie
fah den Körper deffen, der ihr theurer als das Leben
war, verrenkt und fich winden in zuckendem Schmerze;
fie beobachtete, wie das langfame Feuer von Glied
zu Glied fchlich, bis es ihn mit einer Schmerzenshülle
umgeben hatte. Und wenn fchliefslich der letzte Angft-
fchrei verklungen und der gemarterte Leib ruhig war,
fagte man ihr, dafs all' diefes dem Gotte, dem fie
diene, wohlgefällig, und dafs diefes nur ein fchwaches
Abbild der Leiden fei, die der erfte Inquifitor (fo
nennt Paramo gottesläfterlich den Urquell der Liebe)
durch alle Ewigkeit über die Todten verhängen werde.

Hiezu gefellte fich endlich das nicht minder er-
drückende Gefühl der eigenen Verlaffenheit. An den
Nachkommen blieb ein Schandflecken haften, der im
XV. und XVI. Jahrhundert genügte, fie von aller
Sympathie, von allem Wohlwollen und von aller Hoffnung auszufchliefsen. Den Söhnen und Töchtern eines
folchen Opfers blieb als einziges Erbtheil öffentliche
Schande, Ehrlofigkeit und Unfähigkeit zu Aemtern
und Pfründen.

Nichts wurde gefpart, diefer Lehre Nachdruck zu
geben. Sie erfcholl von jeder Kanzel; fie wurde über
jeden Altar gemalt. Der fpanifche Ketzer wurde
zum Scheiterhaufen in einem Kleide geführt, das mit
Darftellungen von Teufeln und fürchterlichen Folter-

qualen bedeckt war, um die Zufchauer bis zu aller-
letzt an die Verdammnifs zu erinnern, die des Verurtheilten wartete. Und damit' ja kein Vergeffen und
keine Verjährung eintrete, wurden die Sanbenitos (die
Gewänder, welche die zur Abfchwörung Verurtheilten
hatten tragen müffen) nach dem Tode der Träger
oder nach ihrer Begnadigung, mit Namen verfehen,
in den Kirchen wie Votivbilder aufgehängt, fo dafs
der Enkel noch an jedem Sonntag die Schmach, welche
feinen Grofsvater getroffen, vor Augen haben mufste.
Wie viel Jammer! wie viel Elend! und Alles jenem
Lehrer zu lieb, der gefagt hat: »Daran follen Alle
erkennen, dafs ihr meine Jünger feid, dafs ihr euch
unter einander liebet.«

Die Inquifition war fchon früh, fchon im XIII.
Jahrhundert, im nördlichen Spanien eingeführt worden
und hatte damals, da Katharer und Waldenfer fich
auch hier ausgebreitet hatten, zahlreiche Opfer ge-
fordert. Im Jahre 1233 verfandte der Erzbifchof von
Tarragona die gegen die Häretiker gerichtete Bulle
GREGOR' IX. an den Dominikanerprovincial und Bifchof
von Lerida, in welcher Stadt fofort das erfte Inqui-
fitionstribunal etablirt wurde. Drei Jahre fpäter fand
die Inquifition Eingang in Caftilien, bald darauf (1238)
in Navarra und (1242) in der Diöcefe Barcelona;
1254 beauftragte INNOCENZ IV. die Dominikaner von
Lerida, Barcelona und Perpignan, den König von
Aragonien mit Inquifitoren zu verfehen. Auch im
XIV. Jahrhundert gab es hier Inquifitoren, dem Do-
minikaner- und Minoritenorden angehörend, in nicht
geringer Zahl. Aber alle diefe Anfänge halten keinen
Vergleich aus, was Energie und Raffinement betrifft,

mit jener Periode der fpanifchen Inquifition, welche das Königspaar FERDINAND und ISABELLA eingeleitet und in Scene gefetzt hat. Einerfeits waren vor diefer Periode die erft kürzlich der moslimifchen Herrfchaft entriffenen füdlichen Provinzen noch frei von derartigen Tribunalen, und andrerfeits hatte man häufig Inquifitoren nur nach vorübergehendem localen Bedürfnifs ohne Permanenz und ohne die Form eines ftehenden Gerichtshofes, aufgeftellt. Ja der Adel von Valencia hatte (1420) den Bemühungen des Königs ALPHONS V., die Inquifition hier einzuführen, drei Monate lang energifch widerftanden.

Was in Spanien feit FERDINAND und ISABELLA der Inquifition jenen fchauderhaften Charakter gab, bei deffen Schilderung jedes fühlende Menfchenherz bis ins Innerfte erbebt, hat feinen Grund darin, dafs fich religiöfer Fanatismus mit Herrfchfucht und Habgier zu einem wohl organifirten Raubzug verband. Die Situation war folgende: FERDINAND und ISABELLA. die gemeinfchaftlichen Beherrfcher Spaniens, waren in fteter dringender Geldnoth, zu welcher ihre grofsen Entwürfe und weitausfehenden Kriege ficherlich das Ihrige beitrugen. Hernando del Pulgar hat anfchaulich gefchildert, wie die Königin Schulden auf Schulden häufte und in erfter Linie die Städte um gezwungene Anlehen, dann felbft einzelne Edelleute, Frauen, Jeden der nur Etwas befafs, halb bittend, halb befehlend, um Vorfchufs anging. Ebenfo hatte FERDINAND in Auflegung neuer Steuern die äufserfte Grenze erreicht. Der Krieg verfchlang Alles. In diefer grofsen Noth nun kam dem edlen Herrfcherpaar der Gedanke, den fanatifchen Hafs der Spanier wider

die getauften und ungetauften Juden und das römifch-
katholifche Inftitut der Inquifition zu ihren Zwecken
auszunützen, fehr gelegen. Der päpftliche Nuntius,
Bifchof NICCOLO FRANCO von Trevifo und der Domini-
kanerprior ALPHONS DE OJEDA zu Sevilla hatten ihr
gutes Theil daran. Das um der »gröfseren Ehre
Gottes« willen eingeleitete Prozefsverfahren gegen Le-
bende wie gegen bereits Verftorbene war in Folge
der einträglichen Confiscationen nicht blos geiftlich,
fondern auch materiell höchft verdienftlich.
Papft SIXTUS IV. geftattete ohne Bedenken dem
fpanifchen Herrfcherpaare auf deffen Bitte (1479) die
Aufftellung von zwei Inquifitoren in Sevilla. Den
zweien folgten bald mehrere, vom Hof vorgefchlagen,
vom Papft ernannt, bis die Organifation durch Aufftellung des Dominikaners TORQUEMADA als Grofsinquifitor vollendet war. Die Gründe, welche den
anfänglich widerwilligen Papft doch fpäter willfährig
gegen jedes Begehren FERDINANDS machten, find wahr-
lich nicht ideeller Natur gewefen. Es war dem Papft
vor allem um die Befeitigung verfchiedener königlicher
Edikte zu thun, welche bisher dem Wachsthum des
päpftlichen Anfehens und der Machtvermehrung in
der Kirche Spaniens hinderlich waren. Namentlich
wurde TORQUEMADA dahin angewiefen, beim König
auf Hebung der Hinderniffe hinzuwirken, welche derfelbe den vom Papfte nach Spanien gefandten Geld-
einfammlern und der für die päpftliche Kammer höchft
einträglichen Cruzada bisher bereitet hatte.

TORQUEMADA und FERDINAND verftanden fich
vollkommen. In den königlichen Fiskus flofs (mit
Abzug der Koften der Inquifition und der Befoldung

ihrer Mitglieder) alles bewegliche und unbewegliche Eigenthum der Verurtheilten oder Entwichenen bis auf den Hausrath herab. Aber auch für die römifche Curie erfchloffen fich auf jenen Gebieten, welche der königlichen Habgier nicht zugänglich waren, nicht minder reiche Goldquellen. Lang erfehnte Gerechtfamen, Indulgenzen, zahllofe Dispenfationen, die Verleihung einer Menge von Kirchenpfründen und die grofse Anzahl der in Rom zu führenden Proceffe wurden fehr einträgliche Gefchäfte. FERDINAND und ISABELLA liefsen es gefchehen, dafs die vom Vortheil des römifchen Fiskus erfundenen Mifsbräuche, gegen welche andere Nationen und die grofsen Concilien des Jahrhunderts energifch gekämpft hatten, nunmehr auch in Spanien eingeführt wurden.

Die fiskalifche Natur des ganzen Inftituts tritt in den Inftructionen vom Jahre 1484, welche in 28 Artikeln allen Inquifitoren eingehändigt wurden und in dem um 1492 entftandenen »Repertorium Inquifitorum« in grellfter Weife zu Tage. Wer fich z. B. binnen einer gewiffen Frift felbft anklagte, dem wurde zwar das Leben gefchenkt, aber er ward zu Strafgeldern verurtheilt, welche »zum hl. Krieg« gegen Granada oder zu ähnlichen frommen Zwecken verwendet werden follten. Alle dagegen, welche nach dem kurzen Gnadentermin mit Bufse und Abfchwörung entlaffen wurden, unterlagen der Vermögensconfiscation. Reuige, welche nach dem Urtheil der Inquifition fchwer fich vergangen hatten, wurden zu ewigem Kerker verurtheilt. Vermuthete aber der Inquifitor, dafs eine Abfchwörung nicht aus Bekehrung hervorgegangen, fo follte er den Unglücklichen verbrennen laffen.

Der Grofsinquifitor TORQUEMADA, von 250 Mann
als Leibwache begleitet, begann alsbald feine blutfpurige
Rundreife in Spanien, um die neuen Gerichtshöfe nach
der Anleitung des Directoriums von Eymericus, des
(1376) zu Avignon verfafsten Gefetzbuches der Inquifition, zu organifiren; und binnen wenigen Jahren befanden fich folche Glaubenstribunale in allen gröfseren
Städten Spaniens. Die Hinrichtungen und Vermögens-
confiscationen gefchahen maffenhaft; man hat die Zahl
von 8000 Hinrichtungen zufammen gezählt. Jeder
Widerftand gegen die Einführung eines folchen ver-
derblichen Inftituts, wie in Valencia, Barcelona, Lerida,
Teruel, fcheiterte an der zufammenwirkenden päpftlichen und königlichen Macht. INNOCENZ VIII. befahl fogar — freilich wirkungslos — (1487) allen
Monarchen, die aus Spanien Entflohenen in Haft zu
nehmen; und ALEXANDER VI. fagte dem TORQUEMADA
(1496) die fchmeichelhafteften Dinge über die ›un-
ermefslichen‹ Arbeiten, denen er fich für das Gefchäft des Glaubens unterzogen habe, und verficherte
ihm, er fei ihm dafür mit inniger Liebe zugethan.

Zu verfchiedenen Malen wurden Verfuche mit
grofsen Anerbietungen an den königlichen Fiskus gemacht, um eine Aenderung der drückendften, für die
Opfer des Tribunals verderblichften Gefetze und Ver-
fahrungsweifen zu bewirken. Zweimal boten die Chriften
israelitifcher und maurifcher Abkunft dem Kaifer
Carl V. ungeheure Geldfummen (800,000 Goldgulden)
an, wenn er nur anordnen wolle, dafs die Namen der
Zeugen den Angeklagten genannt würden. Aber die
Generalinquifitoren wufsten den Kaifer, der fchon
einmal dazu geneigt war, wieder davon abzubringen.

2*

Selbst die blofse Entfernung der Sanbenitos mit ihren
infamirenden Infchriften aus den Kirchen würde noch
um 1608 mit einer fehr grofsen Summe Goldes er-
kauft worden fein. Sie wurde nicht bewilligt. Nur
LEO X. nahm einmal einen ernften Anlauf, das ganze
Inftitut neu umzugeftalten. Es war dies einer der
gefährlichften Momente für das Tribunal während
feiner ganzen Gefchichte. Als nämlich die Cortes von
Aragonien, Catalonien und Caftilien um Reformirung
des inquifitorifchen Verfahrens nachgefucht hatten und
mit der Phrafe abgefertigt worden waren, es fei des
Königs Wille, dafs die päpftlichen Decrete über die
Inquifition unverbrüchlich beobachtet würden, ver-
fuchten die Stände den Papft zu gewinnen und, wie
es anfänglich fchien, mit dem beften Erfolge. Unter
Berufung auf die vielen an ihn gelangten Klagen über
die Habgier und Nichtswürdigkeit mancher Inquifitoren
verfügte er Enthebung der bisherigen Inquifitoren,
Erfetzung derfelben durch Canonici und Einführung
des gemeinrechtlichen Procefsverfahrens. Dies wäre
in der That eine an Vernichtung grenzende Umwand-
lung gewefen. Allein der Hof in Spanien erfuhr zeitig
die Sache; und ehe noch die päpftlichen Breven an-
kamen, wies CARL V., welcher glaubte, dafs der Papft
nur aus Eigennutz und durch die hohen Geldaner-
bietungen der Cortes gewonnen, gegen die Inquifition
vorgehe, feinen Gefandten an, diefem zu erklären, dafs
ihm der Kaifer in Sachen der Inquifition nicht ge-
horchen werde. Der Papft, der gar fehr des
jungen Kaifers bedurfte, gab nach; und fo war die
letzte Hoffnung einer durchgreifenden Aenderung ge-
fchwunden.

Die wichtigste Eigenthümlichkeit der spanischen Inquisition war die monarchisch concentrirte Verfassung, die sie erhielt. Ein oberster Inquisitionsrath (genannt Consejo de la Suprema) wurde gebildet, dessen Präsident stets der Oberinquisitor war; diesem standen drei geistliche Beisitzer zur Seite, von denen zwei Doctoren der Rechte sein mußten, die das königliche Interesse bezüglich der Confiscationen zu wahren hatten. Im Uebrigen waren die Inquisitoren als Delegirte des Papstes in allen Sachen der geistlichen Gewalt nur diesem allein verantwortlich, so daß selbst der König nicht in ihr Verfahren eingreifen durfte. Der Grofsinquisitor allein, an Stelle des Papstes, ernannte die Inquisitoren, setzte sie ab und hielt sie und ihre Tribunale in vollständiger Abhängigkeit. Doch auch die Könige hatten ihr Theil. Der Einfluß derselben auf die Inquisition war ein ganz legaler, indem derselbe mittelst der beiden Organe — des Grofsinquisitors, den der König designirte, der Papst ernannte, welcher also stets ein Mann war, auf dessen Ergebenheit der Hof rechnen konnte, und des Hohen Rathes — regelmäßig geübt wurde. Die Könige waren auf diesen Einfluß um so eifersüchtiger, als das Glaubenstribunal zur Begründung und Befestigung des königlichen Absolutismus und Centralismus auf den Ruinen der alten ständischen Freiheiten unentbehrlich war. Der Inquisitionsrath bildete am Hofe des Königs eine Alles überwachende und in gewissen Fällen als Appellationsinstanz fungirende Behörde, welche zugleich Weisungen bezüglich einzelner Fragen und von Zeit zu Zeit allgemeinere Instructionen erließ. Durch diese Organisation hielt das Glaubenstribunal ganz Spanien

mit einem unzerreifsbaren, von Einer Hand gehaltenen
und angezogenen Netze umftrickt. Wie ein unerfätt-
licher Vampyr lag das Inftitut über dem Lande. Wer
wohlhabend war oder Feinde hatte, befand fich wahr-
lich in keiner beneidenswerthen Lage. War es doch
fo leicht, verabredetermafsen durch gleichlautende
Ausfagen einen Menfchen in Unterfuchung und auf
die Folter zu bringen. Ueber die Menge falfcher
Zeugen finden fich häufig Klagen, aber nur felten
Fälle einer Beftrafung. Da ftets nur geheime Denun-
tiation, nie regelmäfsige Anklage ftattfand, fo war
der Angeber ficher, dafs fein Name nicht genannt,
ein Beweis feiner Angabe ihm nicht auferlegt, über-
haupt aus feinen Angaben ihm kein Nachtheil er-
wachfen werde, wenn er fich vor allzu handgreiflicher
Verläumdung hüte.

Die Juden, fchon zur Zeit der Maurenherrfchaft
und auch noch längere Zeit unter den chriftlichen
Königen, bürgerlich frei und von grofsem Einflufs als
Finanzmänner, Aerzte und Gelehrte, bildeten auf der
Halbinfel ein feftorganifirtes Gemeinwefen, einen Staat
im Staate. Reich und induftriell und wohlerfahren
in allen Künften des Wuchers und der Geldwirthfchaft,
wurden fie bis ins XIV. Jahrhundert hinein von den
Königen befchützt und begünftigt, von dem Volk aber
grimmig gehafst. Achthundert Jahre des Glaubens-
kampfes nämlich hatten einen fanatifchen Zug in den
Charakter der Nation gebracht; Neid und beleidigter
Stolz gefellten fich noch dazu, um ihn möglichft zu
fteigern und zu vergiften. Endlich (1391) entlud fich
diefer Hafs in einem furchtbaren, faft gleichzeitig in
allen Theilen Spaniens über die Juden verhängten Blut-

bade. Sie wurden zu Taufenden erschlagen, beraubt
und ihre Synagogen in christliche Kirchen umgewandelt.
Gegen 35,000 Juden retteten sich damals nur durch
rasche Annahme der Taufe; und in Folge harter
peinigender Gesetze gegen das unglückliche Volk
wuchs die Zahl solcher erzwungener Bekehrungen in
kurzer Zeit zu einer ansehnlichen Höhe. Aber das
Volk glaubte nicht an die Aufrichtigkeit dieser Bekehrungen; es sah fort und fort in diesen Neuchristen
(Marranen genannt) nur versteckte Juden. Und neuer-
dings (1472) brach ein von Stadt zu Stadt sich fort-
wälzender blutiger Aufstand aus, in welchem es nun
den Marranen wie früher den ungetauften Juden er-
ging; Leichname der Erschlagenen lagen zu Taufenden
in den Häusern und auf den Strafsen. Auch für die
Könige nämlich waren diese Christen jüdischer Abkunft
als Hauptgläubiger sehr unangenehm geworden. Die
Könige befanden sich nach der Lage der Dinge
völlig aufser Stand, die empfangenen Vorschüsse und
Anlehen zurückzustatten, oder die wucherischen Zinsen
zu entrichten. Am 31. März 1492 endlich, gleich
nach der Eroberung von Granada, wurde eine Denun-
ciation TORQUEMADA'S, dafs die ungetauften Juden die
Neuchristen zum Judaisiren verführeten, zum Vorwand
für eine allgemeine Judenhetze. Wer sich nicht zur
Taufe bequemte, mufste — mit Zurücklaffung seines
gesammten Vermögens — Spanien verlaffen. So
zwischen Taufe und trostloses Exil gestellt, wählten
doch nur wenige das Erstere, weil die Ausficht, als
Neuchristen unter dem Gerichtsbanne der Inquisition
zu leben und zu sterben, zu abschreckend war. Gegen
800,000 Juden wanderten aus — die meisten ins Elend.

Auch die noch weit zahlreichere moslimifche Bevölkerung der Halbinfel follte ihrem Schickfal nicht
entgehen. Ein Grund, die Verträge, auf welche hin fie
fich unterworfen hatten und welche ihnen ihre Religion
und Gefetze gewährleifteten, zu brechen, war bald
gefunden und herbeigeführt, worauf den Moriscos nur
die Wahl zwifchen Auswanderung nach Afrika und
Taufe gelaffen wurde. Auswanderung aber unter den
damals in Spanien gefetzten Bedingungen war für
Viele ficherer Untergang, für faft Alle Verarmung;
dennoch zogen 80,000 fort, während etwa 70,000 fich
zur Taufe bequemten. Diefen Befehl verfchärfte das
Edikt vom 14. Februar 1502. Das Raffinirte der
Verfahrungsweife ift gewifs fchon durch das Eine ge-
nügend charakterifirt, dafs die Auswanderer ihre
Kinder unter 14 Jahren und ihr Gold zurücklaffen
mufsten. Auf mafsgebender Seite verbarg man fich
wohl nicht, dafs zahllofe Sacrilegien die Folge folcher
Mafsregeln werden müfsen, dafs eine gröfsere Ent-
würdigung und ein frevelhafterer Mifsbrauch der Sakra-
mente fich nicht wohl denken laffe, als der fei, den
fie mit vollem Bewufstfein für Hunderttaufende herbei-
führen; allein was hatte man fich darum zu kümmern?
— handelte man doch dem päpftlichen Syfteme gemäfs und mit voller päpftlicher Billigung — zum
Vortheil des königlichen Fiskus, der Folterkammern
und der lodernden Scheiterhaufen. Das Joch einer drei-
fachen Bedrückung und Verfolgung, einer kirchlichen,
bürgerlichen und militärifchen, laftete fchwer auf den
Moriscos, als im Jahre 1568 Philipp' II. Decret,
das ihnen auch ihre Sprache verbot, eine neue Empörung zum Ausbruch brachte. Es folgte ein unfäglich

erbitterter, beiderseits mit schauderhafter Graufamkeit
geführter Kampf, der das Land um Granada zur
Wüfte machte und die Moriscos in jenen Gegenden
grofsentheils ausrottete, aber auch 60,000 Spaniern
das Leben koftete.

Im Ganzen jedoch erreichte die Zahl derer aus
den Moriscos, die der Inquifition zum Opfer fielen,
weitaus nicht die Verhältnifszahl der hingerichteten
Neuchriften aus dem Judenthum. Das Tribunal wufste
ihnen eben nicht recht beizukommen; denn fie brachten
ihre Kinder zur Taufe, gingen Sonntags zur Kirche
und liefsen fich vorpredigen, was man wollte. Keiner
verrieth den andern. Damit war aber dem Fiskus
nicht gedient. Endlich fand der Erzbifchof RIBERA
von Valencia das Mittel (1602): die Vertreibung der
gefammten maurifchen Bevölkerung aus Spanien. Sie
feien freilich, fchrieb er dem Könige PHILIPP III.,
der nüchternfte, fparfamfte, arbeitfamfte und daher
auch der wohlhabenfte Theil der Bevölkerung, ihre
Grundherren (und natürlich auch der Staat) bezögen
ein fehr ergiebiges Einkommen von ihnen; aber dies
Alles fei nur ein Grund mehr, fie zu verbannen. Dem
fortgefetzten Andringen RIBERA'S und feiner Genoffen
gab PHILIPP III. endlich (1609) nach, doch fchrack
er vor der Verantwortung zurück und übergab die
Ausführung des Befchluffes feinem allwaltenden Mi-
nifter LERMA, der nach RIBERA'S Vorfchlägen die
Mauren erft gänzlich berauben liefs (fie durften weder
Geld noch Wechfel mit fich nehmen) und dann nach
Afrika hinübertrieb.

Um die proteftantifche Lehre, die fich im Stillen
in ein paar Städten ausgebreitet hatte, auszurotten,

genügten vier grofse Autodafés in Valladolid und Sevilla (1559 und 1560), in denen einige der gelehrteften Theologen Spaniens den Flammentod ftarben. Schon die Wirkfamkeit der erften Jahre reichte hin, um das Glaubensgericht zum Gegenftand des allgemeinen Schreckens zu machen. Es kam bald dahin, dafs Jeder fchon bei der Nennung des gefürchteten Namens zitterte, dafs man felbft unter Vertrauten davon zu reden vermied. Und man hatte guten Grund dazu. ˙ Schon der blofse Verfuch eines Widerftrebens und eine einzige dem neuen Inftitute ungünftige Aeufserung genügte, um als der Härefie verdächtig eingezogen und einem Procefsverfahren unterworfen zu werden. Wer die Annalen diefes Inftituts durchblättert, weifs fchliefslich nimmer, ob die Graufamkeit oder der Mifsbrauch deffelben gröfseren Schrecken erzeugt habe. Unter dem Schirme des Grofsinquifitors DEZA, Erzbifchofs von Sevilla, benützte DIEGO RODRIGUEZ LUCERO als Vorwand äufserfter Graufamkeit wider die Chriften ifraelitifcher Abkunft die Behauptung, es beftänden insgeheim Synagogen in Cordova, zu welchen der Satan in Geftalt eines Ziegenbockes die Leute durch die Lüfte aus allen Weltgegenden herbeiführe, darunter Canonici, Mönche, Nonnen, die, während fie hier beifammen fäfsen, zu Haufe gefpenftifch in ihrer gewöhnlichen Geftalt gefehen würden. Und der Folter war es ein Leichtes, Selbftgeftändniffe auch für folche Abfurditäten zu erzwingen. Derfelbe LUCERO und feine Gehilfen liefsen eigens Knaben und Mädchen gewiffe jüdifche Gebetsformeln und Ceremonien gewaltfam einlernen, damit fie dann vor Gericht ausfagten, fie hätten fie bei den Perfonen, die man verderben wollte, gefehen und gehört. Die Graufamkeiten, die LUCERO an eingekerkerten Frauen und Mädchen verübt hatte, waren — nach Lafuente — von der empörendften Art. Und was gefchah diefem Manne, als eine unparteiifche Unterfuchung ergab, dafs alle feine Angaben erdichtet waren, dafs die angeblichen Synagogen gar nicht exiftirt hatten? Es wurde verfügt, dafs die gefällten Urtheile ganz ausgeftrichen werden follten, zugleich aber auch erklärt: die Proceffe feien richtig formirt gewefen; LUCERO fei ein guter Richter und die Hingerichteten feien ganz ordnungsmäfsig verbrannt worden, da in allen Punkten die Methode und Procedur des Inquifitions-Tribunals eingehalten worden wären.

Die Art der Procedur war natürlich dem Inftitut felbft vollkommen entfprechend. Von dem Moment der Verhaftung an durfte Niemand den Gefangenen mehr fehen aufser den Inquifitoren und dem von ihnen erwählten Beichtvater, und Niemand auch nur ein Wort für ihn zu fagen wagen. Gab man dem Gefangenen einen Advokaten, fo mufste diefer erft fchwören, dafs er Alles aufbieten wolle, ihn zur Selbftanklage zu bewegen, und dafs, fobald er felber ihn für fchuldig halte, er ihn preisgeben werde, fo dafs die Inftruftionen ganz richtig fagten: im Grunde fei es eine blos nominelle Frage, ob man dem Gefangenen einen Vertheidiger zu geftatten habe, oder nicht. Gemäfs der längft beftehenden päpftlichen Verordnung wurden dem Eingezogenen die Zeugen nicht genannt; ja felbft von den Ausfagen erfuhr er nur das, was nicht zum Errathen der Zeugen führen konnte. Sagte der ins Verhör Genommene nicht

aus, was der Inquifitor von ihm erwartete, fo wurde
zur Folter gefchritten. Widerrief der peinlich Be-
fragte feine durch Furcht oder durch die Folter ihm
abgezwungene Ausfage, fo wurde er, wie der Bifchof
SIMANCAS von Badajoz (um 1590) als Regel auf-
ftellte, als Unbufsfertiger verbrannt. Hatte man auch
durch wiederholte Folter kein Geftändnifs zu erpreffen
vermocht, fo wurde der Angefchuldigte, mitunter auch
blos auf die Zeugenausfagen hin, verurtheilt. Das
Ende der Procedur war meiftens Tod auf dem Scheiterhaufen oder ewiger Kerker, von welch letzterer Strafe
LUCIO MARINEO meint, fie fei ein Beweis dafür, dafs
»die Kirche die Mutter der Barmherzigkeit und Quelle
der caritas fei, welche Vielen, die es nicht verdienten,
das Leben fchenke.« Zu diefer caritas zählt wohl
auch die heuchlerifche Vorgabe einer Fürbitte für
die, welche man den weltlichen Beamten zur Hin-
richtung übergab, nachdem man doch vorher diefen
Beamten den Eid abgenommen hatte, das Urtheil der
Inquifition fofort zu vollzichen.

Das waren die Zuftände, aus denen heraus die
Menfchen der damaligen Zeit im grofsen und ganzen
nach ihren Sitten, nach ihrem Glauben, kurz nach
ihrem gefammten Sein und Leben beurtheilt werden
müfsen. Namentlich mufsten diefe verfchrobenen,
dem wahren apoftolifchen Chriftenthum Hohn fprech-
enden Zeitideen bezüglich der Strafbarkeit des Irrthums und bezüglich des clericalen Rechtsanfpruches,
das Richteramt hierüber zu üben und das Mafs und
die Strafe dem Gottesgericht felbft vorgreifend feft-
zufetzen, den Charakter derjenigen beftimmen, welchen
die Aufgabe zugefallen war, zur Verwirklichung diefer

Ideen mit allen Kräften beizutragen. Die Schilderung,
welche W. E. Hartpole Lecky in feiner »Gefchichte
des Urfprungs und Einfluffes der Aufklärung in
Europa« gibt, ift ebenfo wahr als ergreifend. »Während
alle religiöfen Gemüther jedes Landes und jeder Anficht — fagt derfelbe — in feinem Stifter das höchfte
begreifliche Ideal und die Verwirklichung des Mit-
leidens und der Lauterkeit erkannt haben, ift es eine
nicht weniger unbeftreitbare Wahrheit, dafs die chriftliche Priefterfchaft Jahrhunderte lang, mindeftens gegen
die, welche von ihren Anfichten abwichen, eine Poli-
tik verfolgte, die einen Stumpffinn und einen Mangel
des menfchlichen Mitgefühls in fich fchlofs, welche
felten ihres Gleichen hatten und vielleicht niemals
übertroffen worden find. Von Julian, der bemerkte,
dafs keine wilden Thiere fo graufam feien, wie böfe
Theologen, bis Montesquieu, der die Unmenfchlich-
keit der Mönche als ein pfychologifches Phänomen
erörterte, ift die Thatfache fortwährend anerkannt
worden. Die Mönche, die Inquifitoren und die mittel-
alterliche Geiftlichkeit im Allgemeinen zeigen einen
befonders fcharf ausgeprägten Typus, der in vielen
Beziehungen höchft edel, aber· fortwährend gebrand-
markt ift durch eine völlige Abwefenheit des reinen,
natürlichen Gefühls. In Eifer, in Muth, in Ausdauer
und Selbftaufopferung ragen fie weit über die Durch-
fchnittsmaffe der Menfchheit, aber fie waren ftets
ebenfo bereit Leiden zu bereiten, wie zu erdulden.
Es waren dies die Menfchen, die ihre Te Deums über
die Niedermetzelung der Albigenfer oder über die
Bartholomäusnacht fangen, die die Kreuzzüge und
die Religionskriege anfachten und anftachelten, die

fich über da* Blutbad freuten, und jeden Nerv zur
Verlängerung des Kampfes fpannten, wenn der Eifer
der Krieger zu ermatten anfing, über die Schlaffheit
des Glaubens trauerten und die von ihnen verur-
fachten Leiden mit einer Genugthuung betrachteten,
die ebenfo gefühllos wie uneigennützig war.«

Zu diefen Menfchen voll greller Widerfprüche
zählt unzweifelhaft auch PETER ARBUES DE EPILA
— ein graufamer Inquifitor und ein nach feiner Art
frommer, tugendhafter Mönch zugleich, wie die Biographen verfichern. Wir fagen ausdrücklich: nach
feiner Art; denn eine Frömmigkeit und Tugend, die
fich mit Graufamkeit wohl verträgt, ja gewiffermafsen
diefelbe hervorruft, mufs doch abfonderlichen Charakters fein. Sie beftand eben darin — und konnte
fich unmöglich höher erheben —, dafs diefe Gattung
von Menfchen alle Punkte ihrer Ordensregel beobachtete, regelmäfsig ihr Brevier betete, anftändig ihre
kirchlichen Funktionen verrichtete, grofse Rofenkränze
trug, Reliquien im Schlafgemach hatte; dafs fie da-
neben aber fich nicht im geringften bedachten, wegen
Aeufserungen oder Handlungen, die heutzutage nicht
einmal eine Rüge im Beichtftuhl finden würden,
Männer, Frauen, Jungfrauen erft auf die Folter, dann
auf den Scheiterhaufen zu bringen. Ihr Sittlichkeits-
gefühl hielt fie nicht ab, fich zu Werkzeugen eines
Inftituts zu machen, deren Regeln und Satzungen
allen in die menfchliche Bruft gegrabenen Ideen von
Gerechtigkeit und Billigkeit Hohn fprechen, und welches Unzähligen die Exiftenz auf Erden zur Hölle
machte. Solche Opfer einer entfetzlichen Glaubens-
verfchrobenheit und eines herzlofen religiöfen Fanatis-

mus find in ihren edleren Geftalten gewifs unseres innigften Mitleides werth; hier hat aber ficherlich unfere Werthfchätzung das höchfte Mafs des Zugeftändniffes erreicht, denn eine Selig- oder Heiligfprechung folcher Männer kann nie und nimmer etwas anderes fein, wie eine bedauerliche Satire auf Chriftus und feine getreuen Jünger.

PETER ARBUES erblickte um 1441 zu Epila, einer Stadt Aragoniens, das Licht der Welt. Seine Eltern waren angefehen. Der Vater hiefs ANTONIO DE ARBUES; feine Mutter SANCIA RUIZ entftammte der vornehmen Familie DE SADADA. Von Jugend auf wurde er zum Lernen und zur Frömmigkeit angehalten. Er verbrachte — wie die Biographen behaupten — die Knabenzeit fo, dafs ihm in jenem Alter nichts mehr, als fein Wiffen und feine chriftlichen Tugenden zum Schmucke gereichten. Um die Philofophie und Theologie zu ftudiren, begab fich PETER ARBUES nach Bologna, wofelbft er in das fpanifche Colleg als Alumnus eintrat. So berichten die einen; andere hingegen laffen ihn vor feiner Reife nach Bologna zu Hueska an der damals aufblühenden Univerfität Philofophie hören. Vorerft erwarb er fich das Magifterium in der Philofophie, im weiteren Verlauf (1473) erlangte er auch noch die theologifche Doctorwürde. Von feinem Geburtsorte und diefem feinem theologifchen Magifterium nannte man ihn feiner Zeit gemeiniglich den Magifter von Epila. Zurückgekehrt wurde er in das Colleg der regulären Canoniker des Ordens S. Auguftini an der Metropolitankirche S. Salvatoris in Saragoffa gewählt und ihm (1476) die feierliche Profefs abgenommen. Als nun jene Zeit kam, in welcher — wie die Acta Sanctorum befagen — der Generalinquifitor THOMA DE TURRECREMATA (Torquemada) fleifsig nach Männern forfchte, welche durch Tugend und Gelehrfamkeit hervorleuchteten, um ihnen das Gefchäft von Inquifitoren an verfchiedenen Orten ficher und würdig anvertrauen zu können, traf auch PETER ARBUES die Wahl, da er an den benöthigten Gaben allen übrigen voranleuchtete. Und in der That täufchte fich TORQUEMADA an diefem Manne nicht.

Unterm 4. Mai 1484 ftellte der Grofsinquifitor für Saragoffa den Dominikaner GASPAR INGLAR und den Canonicus ARBUES als erfte Inquifitoren auf, und die höheren Beamten mit dem Juftitia an der Spitze mufsten in der Domkirche fchwören, dem neuen Glaubenstribunale jeden Vorfchub leiften und feine Urtheile vollziehen zu wollen. Die Aragonefen waren zwar der Einführung eines Inftituts, welches mit Güterconfiscation und geheimen Angebereien fo eng verbunden blieb, fehr entgegen, fie knüpften Unterhandlungen am königlichen und päpftlichen Hofe an und liefsen nichts unverfucht, felbft zu beträchtlichen Geldopfern machten fie fich erbötig: aber alle Mühen erwiefen fich als vergebliche. Die Proceffe und Hinrichtungen befanden fich bald in vollem Gange.

Als das Hauptwerkzeug der Verfolgung in Saragoffa, nach dem Herzen des Generalinquifitors ein ganzer Mann, that fich PETER ARBUES hervor. Nur fechzehn Monate dauerte feine inquifitorifche Thätigkeit, aber diefe Thätigkeit war derart vehement, dafs die Bedrohten, wie Blancas (Hifpaniae etc. Script. III., 706) erzählt, Tag und Nacht von grofser Angft

und Sorge gequält wurden. Täglich hielt er Gericht,
und zwar mit Fleiſs, Klugheit und Aufmerkſamkeit,
und er züchtigte, wie Mariana (Hiſt. gen. de Esp.
Val. 1795 XXV. C. 8 p. 275) ſagt, ganz dem Amte
eines Inquiſitors entſprechend die Schuldigen. Das-
ſelbe bemerkt Lanuza in ſeiner Geſchichte von Aragon. Hiſt. de Aragon p. 170: »Perſeguia eſte ſiervo
de Dios los Hereges, y gente ſoſpechoſa en la Fé
con grandes veras, reſuelto de limpiar eſta ciudad y
Regno de toda la zizaña y malezas, que en el ſe
hallaſſen. So kam es, daſs er gar bald von den einen
glühend gehaſſt wurde, bei den andern aber ſich den
Ruf eines unermüdlichen Verfolgers der Ketzer (acerrimus perſecutor haereſum) erwarb. Die von den Jeſuiten
zu Antwerpen herausgegebenen »Aɛta Sanɛtorum«
(Sept. V, 728 ff.) haben auch dieſen Magiſter von
Epila aufgenommen und hiebei die Denkſchrift und
den kurzen Lebensabriſs des ARBUES benützt, welche
beide bei Gelegenheit ſeiner Seligſprechung zu Rom
(unter ALEXANDER VII. i. J. 1661) vorgelegt worden
waren. »Unerſchrocken beſorgte — ſo heiſst es dort-
ſelbſt — ARBUES die Gerechtigkeit ſowohl in dem
Amte eines Inquiſitors als in den übrigen ihm über-
tragenen Aemtern; er war in der Verwicklung der
Verhandlungen weder durch Thränen noch durch
Bitten zu erweichen, ſondern theilte unerſchütterlich
jedem ſein Recht zu. Ja er zeigte ſich als Glaubens-
richter ſo bewunderungswürdig unbeugſam und als
ſolch heftiger Gegner der Härefie, daſs durch ſeinen
Eifer und ſeine Sorgfalt in kurzer Zeit viele Ketzer,
Apoſtaten und Rückfällige die verdiente Strafe für
ihre Verbrechen erhielten — ein Zeichen der reich-

Dr. E. Zirngiebl, Peter Arbues.   3

haltigen Frucht und des evidenten Nutzens, welcher
damals und für die Zukunft aus der Errichtung des
heiligen Inquifitionstribunals in jenen Reichen empor-
gefproffen fein mufste‹. (Acta SS. 1. c. p. 732 f.:
›Juftitiam in eodem officio ac aliis fibi injunctis intre-
pide adminiftravit, in turbinibus caufarum nec lacrymis
nec precibus frangi patiens, conftanter jus fuum cuique
tribuendo . . . . . In affumpto munere et officio inqui-
fitoris adeo mirabiliter magna cum conftantia fe geffit,
et accerrimus perfecutor haerefum apparuerit, ejusque
diligentia ac folicitudine brevi tempore multi haeretici,
apoftatae et relapfi debitam fuorum criminum poenam
luerint, uberrimum fructum et evidentem utilitatem
demonftrando, quae tunc et in futurum indies ex-
crescere debuiffet ex ipfa erectione tribunalis fanctae
inquifitionis in iftis regnis.‹)

Solche hervorragende Vorzüge erwarben, nach
den Acta Sanctorum, dem feligen (beato) Inquifitor
die Hochachtung aller ›Guten‹, freilich auch den un-
verföhnlichen Hafs der ›Juden‹, denen ›die unbefieg-
liche Standhaftigkeit des frommen Mannes und die
heilige Strenge (fancta feveritas)‹ fo verderbenbringend
war. Die hart Bedrohten fammelten fich in nächtlichen Zufammenkünften, um an eine energifche Ab-
wehr zu denken. Einige von ihnen, erzählt Paramo,
die den vornehmeren Ständen angehörten, befchloffen
in geheimer Zufammenkunft, im äufserften Fall, wenn
ihnen kein anderes Mittel zur Abwerfung diefer
Tyrannei übriggelaffen wäre, zur Tödtung der Inquifitoren zu fchreiten. (De orig. inquis. pag. 182: ›De
occidendis Inquifitoribus decernebant, illud tamen diffe-
rendum esse, quousque nullus alius Inquifitionis ever-

tendae suppeditaretur modus«.) Es kamen nun ver-
schiedentliche Warnungen an ARBUES, er möge vor
den zahlreichen Freunden und Verwandten seiner Opfer
auf der Hut sein, sein Amt niederlegen oder von
seiner Strenge abstehen. (Acta SS. l. c. p. 733 und
753.) Aber derselbe ließ sich hierdurch nicht im
mindesten erschrecken, und »bereit für Christum das
Blut zu vergießsen, fuhr er fort nicht minder streng
wie früher sein Amt zu verwalten« (l. c.). Es dünkte
ihm sogar ein guter Tausch »aus einem schlechten
Priester ein guter Märtyrer zu werden« (l. c.). Da
hielten es die Verschwornen endlich an der Zeit, sich
des blutdürstigen Verfolgers durch Mord zu entledigen.
Persönliches Rachegefühl und keineswegs Glaubens-
haß war auch für die beiden Anführer der Mörder
das Motiv zu dem Attentat gegen ARBUES. Dem
einen, JOHANN DE LAVADIA, hatte ARBUES kurz vorher die Schwester zum schimpflichen Tode verurtheilt,
dem andern, JOHANN SPERANDIUS, aber den Vater
in den Kerker geworfen (l. c.). Mit Recht haben
darum die beiden Promotoren Rossi und Cerri bei
dem Beatificationsproceß diese Thatsachen gegen die
Seligsprechung des ARBUES geltend gemacht. Als ein
Versuch, durch das Fenster in das Schlafgemach des
Inquisitors zu dringen, mißlungen war, entschlossen
sich endlich die Mörder, nächtlicher Weile heimlich
in die Kirche einzudringen. Sie überfielen den Inqui-
sitor, welcher zur Frühmette gekommen war und
brachten dem vor dem Hochaltar Knieenden, »während
er selbst in der Recitation des englischen Grußes die
Worte »Gebenedeit sei die Frucht deines Leibes«
sprach, zu wiederholtem Male eine tödtliche Wunde

bei.‹ Zwei Tage noch lebte er ›Gott Dank ſagend —
wie es in den Acta Sanctorum (l. c. p. 734) heiſst, —
daſs er ihn gewürdigt, für die Vertheidigung des
Glaubens den Tod zu erleiden‹; dann entſchlief er,
noch für ſeine Mörder betend, am 17. September 1485.
Kaum war das gegen ARBUES verübte Attentat
entdeckt, als ſchon verſchiedene Leute aus dem Volke
durch die Strafſen ſtürzten und zu einem Gemetzel
wider die Neubekehrten, dieſen Mördern des Inquiſitors, aufforderten. (Vgl. Zurita, lib. XX. de los
Anales fol. 342.) Es wäre gewiſs dazu gekommen,
wenn nicht der Erzbiſchof ALFONS die ganze Stadt
durchritten und den aufgereizten Pöbel zurückgehalten
hätte. Deshalb aber blieb den Mördern die Strafe
nicht erlaſſen. Die Mehrzahl der Verſchworenen ſcheint
zwar zunächſt entkommen zu ſein, ging aber doch
im Laufe eines Jahres — durch höhere Fügung, wie
Paramo andeutet, — zu Grunde; die andern, und
darunter auch die beiden Rädelsführer, wurden theils
geviertheilt und ihre Glieder an der Heerſtrafse aus-
geſtellt, theils verbrannt. (Vgl. Paramo, de orig. inquis. p. 183.) Mehr als 200 Menſchen wurden zur
Sühne für ARBUES hingerichtet und noch weit mehr
in den Kerker geworfen, alle nämlich, die der Theilnahme am Morde verdächtig oder auch nur Freunde
der Uebelthäter waren. (Llorente Hiſt. crit. de l'Inquiſition.)
Der Tod ARBUES' wurde — wohl ſelbſtverſtänd-
lich --- von den Inquiſitoren aufs beſte im Geiſte der
damaligen glaubensſeligen Zeit ausgenützt. Mit ihm
begann eine Reihe (wie ſoll ichs nennen?) -- ›frommer
Betrügereien‹, an welchen Spanien ohnehin ſchon

überreich war. Die Wunder wuchfen dort wie die Pilze über Nacht; man konnte fie fozufagen auf Beftellung haben. Wer ihrer gerade bedurfte, dem verfagten fie fich nicht leicht, und wurden ihm auch ftets bereitwillig geglaubt. Durfte man doch fogar wagen, die heil. Jungfrau, welche bis dahin immer »als die barmherzige und die ärgften Sünder nicht zurückftofsende Fürbitterin, als das die göttliche Strafgerechtigkeit und Gefetzesftrenge mildernde und erweichende Element in der Religion betrachtet und verehrt worden«, zur wunderthätigen Patronin des härteften, graufamften und unerbittlichften Tribunals, das jemals unter Menfchen beftanden hatte, zu ·erheben! Es war in Guadalupe, einem durch fein Gnadenbild berühmten Städtchen, wo »auf fehnlichften Wunfch der Inquifitoren« die heil. Jungfrau »zur Beftätigung des heiligen Gerichts« — wie Paramo (l. c. p. 138) fagt — in ganz kurzer Zeit fo viele Wunder wirkte, dafs Sancho de la Fuente, der eine der Inquifitoren, welcher fie aufzufchreiben unternommen hatte, endlich ermüdete und fich mit 60 Mirakeln begnügte.

Das erfte Wunder zur Verherrlichung des Märtyrers ARBUES ereignete fich am Orte der That felbft. Die Blutflecken in der Kirche, die verfchwunden oder unfichtbar gemacht worden waren (die Jefuiten meinen: man habe fie hinweggewifcht), wurden um die Zeit · feines Begräbniffes wieder fichtbar. Das Volk kam, rief: »Wunder« (apud omnem populum communiter illud pro evidentiffimo miraculo reputabatur), tauchte Tücher und Papierftücke in das naffe ganz frifch · ausfehende Blut, und fieh! — wahrfcheinlich zum Dank für die grofse Gläubigkeit verwandelten fich,

wie verfichert wird, diefe Blutflecken fpäter in Rofen
und andere röthliche Blumen. Zwölf Tage fpäter
wiederholte fich das Wunder. Die Geiftlichen ver-
hüllten erft den in den Kirchenftühlen befindlichen
Chorknaben die Köpfe, enthüllten dann die mit einem
wollenen Tuche bedeckte Stelle, wo früher das Blut
gefehen worden, und — es war wieder frifch ausfehen-
des Blut in ziemlicher Quantität da. Mit grofser
Erbauung und nunmehr durchdrungen von der fo
augenfcheinlich beglaubigten Gottwohlgefälligkeit der
Inquifition, tauchte das fchnell herbeigerufene Volk
feine Tücher und Papierfchnitzel abermals ein. Der
Jefuit Mariana meint freilich, es fei wohl das Volk
nur zum Beften gehalten worden. (Acta SS. l. c. p.
735—737). Zugleich wurde das Gerücht verbreitet (Non
magis fcio, quam certis teftimoniis nitatur prodigium
aeris campani de Vililla), es habe in derfelben Stunde,
in welcher ARBUES überfallen worden, die berühmte
Glocke von Velilla (einige Meilen von Saragoffa), die
nach einer alten Sage jedesmal bei befonders wichti-
gen und tragifchen Ereigniffen fich hören liefs, fo
gewaltig geläutet, dafs die Stricke riffen, mit denen
die Glockenzunge befeftigt war (l. c. p. 734). Damit
aber war die wunderthätige Kraft ARBUES' noch
lange nicht erfchöpft. Bald kam es noch beffer.

Einige Jahre nach dem Tode ARBUES' fand fich
der Priefter BLASCO GALVEZ bei den Inquifitoren
von Saragoffa ein und erklärte: ARBUES fei ihm
eines Tages früh um 7 Uhr, er wiffe nicht mehr
ob i. J. 1486 oder 1487, erfchienen und habe ihn
beauftragt, ihnen zu fagen, dafs er (ARBUES) jetzt
grofse Herrlichkeit im Himmel geniefse, und dafs

auch ihnen zur Belohnung für ihre Mühewaltung am Glaubensgericht diefe Seligkeit werde zu Theil werden. »Sie follten nicht zweifeln, dafs fie fehr wohl gethan hätten, eine fo grofse Anzahl von Menfchen den Flammen zu übergeben, denn alle bis auf einen feien jetzt in der Hölle. Auch follten fie die auf der Landftrafse ausgeftellten Glieder feiner hingerichteten Mörder hinwegnehmen und die Afche der Verbrannten in den Ebro werfen laffen. Wenn das gefchehen fei, werde nicht mehr fo viel Hagelfchlag in Aragon erfolgen.« Diefe Stelle der Denkfchrift wurde von den Bollandiften verfchwiegen, ift aber bei Llorente (Hift. crit. de l'inquis. I, 199) mitgetheilt. Sind folche Worte, in den Mund eines Seligen und Heiligen der Kirche gelegt, nicht der giftigfte Hohn auf Chrifti Lehre und Chrifti Himmelreich? Und noch einmal, und zum dritten und vierten Male trieb es den feligen ARBUES aus feinem Himmel zum beglückten GALVEZ; fein auf Erden fo überaus grofser Gefchäftseifer liefs ihn felbft die himmlifche Herrlichkeit nicht mit Ruhe geniefsen. Das eine Mal mufste GALVEZ dem Erzbifchof ALFONS von Saragoffa nebft dem Königspaare FERDINAND und ISABELLA kundthun, dafs Gott ihnen zum Lohn für das hohe Verdienft, die Inquifition errichtet zu haben, Glück, langes Leben und die himmlifche Seligkeit beftimmt habe; nur follten fie für die Fortdauer des hohen Tribunals forgen, namentlich alle Moriscos (die muhammedanifchen Einwohner) ohne Ausnahme und ohne Schonung aus Spanien vertreiben. Das andere Mal mufste derfelbe GALVEZ den Inquifitoren ihr Amt als Ketzerrichter angelegentlichft anempfehlen; denn

eben durch folche Arbeiten habe er (ARBUES) einen
Platz unter den Märtyrern in der ewigen Herrlichkeit
erlangt. Endlich lehrte diefen GALVEZ fein mächtiger
Gönner auch noch ein an ihn (ARBUES) gerichtetes
Anrufungsgebet, welches jeden, der fich deffen be-
diene, vor der Peft fichere. Das intereffantefte Stück
diefer nächtlichen Converfationen zwifchen ARBUES
und GALVEZ ift aber zweifelsohne folgendes: GALVEZ
ging nämlich in feiner übergrofsen Höflichkeit gegen
den nächtlichen Gaft einmal fo weit, ihn einen »Heiligen«
zu nennen. Aber ARBUES lehnte diefes Compliment
ab, ohne Zweifel aus Refpeft gegen die Congregation
in Rom, die ja feine Canonifation damals noch nicht
ausgefprochen hatte: »er fei es noch nicht, doch
hoffe er es dereinft zu werden.« (Acta SS. l. c. p. 740.)

Die Geiftlichen, an deren Kirche ARBUES Canonicus war, fowie die Inquifitoren liefsen es aber auch
fernerhin nicht an Wundern fehlen, die dem gott-
feligen ARBUES zugefchrieben wurden. Bald wurde
er ein vielverehrter, befonders Brüche heilender Wun-
dersmann. Auch Todte erweckte er. Ein befonders merkwürdiges Wunder widerfuhr dem Cardinal
XAVIERE, damals Profeffor zu Saragoffa. Diefem nämlich entfchwand plötzlich beim Befteigen der Kanzel
die Predigt aus dem Gedächtnifs, welche er zur Em-
pfehlung der Cruzada (d. h. der jedem Spanier
reichliche Indulgenzen und Befreiung einer beliebigen
Seele aus dem Fegfeuer gewährenden Bulle) hatte
halten wollen. Aber fiehe da, als er zu ARBUES
gerufen hatte: »Heiliger, Gebenedeiter, wenn Du mir
nicht in diefer Noth zu Hülfe kommft, ift es um mich
gefchehen!« --- fand er an dem der Kanzel gegen-

über befindlichen Grabmal deſſelben ſeine ganze Predigt wortwörtlich angeſchrieben, ſo daſs er ſie nur
abzuleſen brauchte (l. c. p. 741—747,). So gnädig
ſich der Verklärte ſeinen Verehrern erwies, ſo ſchwer
hingegen nahm er es bei denen, die ſich nicht gerade
viel aus ſeiner Wunderkraft machten. Ein Weib,
welches ſich in ſeiner Unbeſonnenheit zu dem Ausſpruch
verleiten lieſs, es brauche den Magiſter EPILA nicht,
weil es nicht am Bruch leide, — fühlte augenblicklich
an jeder Seite einen Bruch und muſste nun — zum
abſchreckenden Beiſpiel — an dieſem Uebel zehn Jahre
lang laboriren. Klüger benahm ſich ein Mann, der
durch eine ähnliche gottesläſterliche Rede die gleiche
Strafe des Heiligen ſich zugezogen hatte; er eilte zum
Grabe des Wunderthäters und wurde nun ebenſo
raſch wieder geſund (l. c. p. 743).

FERDINAND und ISABELLA erbauten dem Ge-
mordeten ein marmornes Mauſoleum auf ihre Koſten;
die zunehmende Verehrung machte es thunlich, das
Grabmal durch geweihte Lampen zu illuſtriren. Von
der Bürgerſchaft wurde (1490) eine ſilberne Lampe
geſchenkt — ex voto, wegen Beendigung der Peſt,
die zu Saragoſſa gewüthet hatte. Man ſieht, — es
wurde ſchon frühzeitig dafür Sorge getragen, daſs
das Grab des gottſeligen Inquiſitors als ein wunder-
thätiger Ort und der Grabesinſaſſe ſelbſt als aller
Verehrung werth ſich erwies. Der Grund, warum
ARBUES Wunderthäter werden muſste, liegt auf der
Hand. Die Wunder waren die gottbeglaubigten
Zeugen für die Wahrheit der ihm geſetzten Grabſchrift,
daſs nämlich der heilige Petrus (ARBUES) der feſteſte
Fels ſei, auf welchen Gott ſein Werk (die Inquiſition)

erbaut habe. Wer follte nun noch zweifeln, dafs die Inquifition eine Einrichtung nach dem Herzen Gottes fei! Zwar erlangten die Aragonefen, welche die Abficht diefer fo hoch getriebenen Verehrung des Inquifitors wohl durchfchauten, eine päpftliche Bulle, welche die Entfernung des Grabmals aus der Kirche empfahl; allein ARBUES' Nachfolger, der Inquifitor GARCIA, nachher Bifchof von Barcelona, liefs diefe Bulle für erfchlichen erklären und mit den Sanbenitos der hingerichteten Mörder wie eine Trophäe auf dem Grabdenkmal befeftigen (Paramo l. c. p. 183). Noch mehrfache Protefte wurden gegen die Verehrung des frommen Mannes eingelegt; endlich jedoch fiegte der fromme Eifer entfcheidend. Die Verehrung des Mannes wurde von Papft INNOCENZ X. als unter die Ausnahmefälle des Decrets von Urban VIII. fallend erklärt.

Die Seligfprechung und dann auch die förmliche Canonifation wurde nunmehr, nachdem diefe Einleitungen zu folch erfreulichen Refultaten geführt hatten, die grofse Angelegenheit der Könige und Inquifitoren. Der erfte Procefs über das Martyrium des PETER ARBUES wurde fchon 1490 formulirt. Die Beatifikation felbft betrieben CARL V. und die fpanifchen Könige PHILIPP III. und PHILIPP IV. aufs eifrigfte; auch die Canonici zu Saragoffa baten. Gewifs war es nur billig, dafs, nachdem die italienifch-päpftliche Inquifition fchon längft ihren Märtyrer und Patron an dem canonifirten Pietro di Verona erhalten hatte, der fpanifchen Schwefteranftalt der gleiche Vorzug nicht vorenthalten werde. Und gewifs verdiente die Behauptung des oben erwähnten Martin

Garcia, dafs, fowie zwei Apoftel in der Kirche feien, einer im Often, Petrus, und einer im Weften, Jacobus, auch zwei Märtyrer und Inquifitoren in der Kirche feien: einer im Often, Petrus von Verona, der andre im Weften, Petrus von Saragoffa, welche beide für den Glauben geftorben feien, — volle Rückfichtnahme. Sehr gründliche Unterfuchungen wurden denn auch über ARBUES und fein Grab durch eine päpftliche Commiffion in Spanien angeftellt. Endlich machte ALEXANDER VII. Ernft mit der Seligfprechung des Mannes, welcher ›treu und mit dem höchften Eifer für den katholifchen Glauben das Amt eines Inquifi- tors führte.‹ Diefer Akt, wie der des in Volhynien erfchlagenen Polen Jofaphat von Poloczk, bezüg- lich deffen zur felben Zeit in Rom Unterhandlungen gepflogen wurden, ftiefs zwar auf Widerfpruch, indem die Promotoren den bedenklichen Einwurf machten, dafs weder der eine, noch der andere für den Glauben geftorben fei; aber die mit der Angelegenheit betraute Congregation achtete des Einwurfs nicht, approbirte das Martyrium nebft den oben aufgezählten Wundern und fertigte das Decret hierüber aus. Die in aller- jüngfter Zeit (1867) erfolgte Heiligfprechung deffelben Inquifitors ift wohl nur die volle Confequenz des Aktes v. J. 1661; fie liefert aber zugleich auch den jedes wahrhaft chriftliche Gemüth tief erfchütternden und betrübenden Beweis, dafs die katholifche Kirche von damals, in ihrer Vertretung durch den Papft und feine Curie, noch heute diefelbe ift. Sie würde, wenn es in ihrer Kraft ftünde, wider Ketzer und Freidenker dem Inftitut der Inquifition mit innerer Befriedigung eine reellere Rehabilitation in der Werthfchätzung der

Kirche geben, als ihr durch Canonifation des PETER
ARBUES möglich zu machen vergönnt war.

Ein Canonifationsakt wird niemals den Geift, der
aus beftimmten Perioden fpricht, zu verändern vermögen; vielmehr wird der gleichfam canonifirte Zeit-
geift dem Heiligfprecher felbft das Siegel der Werthfchätzung einprägen. Habfucht, Blutgier, Gefühllofig-
keit, religiöfer Mechanismus und Fanatismus umrahmen
und durchdringen das Amt eines Inquifitors, der ftets
in der einen Hand das Crucifix, in der andern das
Folterwerkzeug und den Mordftahl hielt. Der heilige
ARBUES DE EPILA fteht — mag er in feiner Art auch
ein recht frommer Mann gewefen fein — auf keiner
edleren, des wahren Chriftenthums würdigen Charakter-
höhe. Was vor Allem zur Heiligkeit des Charakters
gehört, das kann der ganzen Natur der Sache nach
ein Inquifitor der befchriebenen Qualität unmöglich
haben, — eine lautere evangelifche Frömmigkeit nämlich, ein von dem Motiv der Liebe Gottes und des
Nächften geleitetes Thun. Der Inquifitor und feine
Freunde vermögen ihre religiöfen und fittlichen Be-
griffe allenfalls aus dem Koran, aber ficherlich nicht
aus der Lehre Chrifti und der Apoftel zu fchöpfen.

Ueber den »Gott wohlgefälligen« Charakter der
fpanifchen Inquifitionstribunale geben die ftatiftifchen
Notizen unwiderlegliche Auffchlüffe. Die Zahlenhöhe
der unter TORQUEMADA'S Principat Hingerichteten,
wie fie Llorente angegeben hat, ift zwar beftritten
worden; einige Zahlen laffen fich jedoch mit Sicher-
heit angeben, da fie fich fchon bei den Zeitgenoffen
und den jener Zeit zunächftftehenden Gefchichts-
fchreibern Garibay, Zurita, Mariana, Paramo fin-

den. Nach den Angaben des Letztgenannten, dem
als Inquifitor das Archiv des Gerichtes offen ftand,
wurden in der Stadt Sevilla allein in 40 Jahren
(1480—1520) über 4000 verbrannt, über 30,000 als
»Bufsfertige« zu verfchiedenen Strafen des Kerkers,
der Galeeren und der öffentlichen Befchimpfung ver- .
urtheilt. Da die zahlreichen Entwichenen alle als
»Hartnäckige« verurtheilt wurden, damit ihr Vermögen
der königlichen Kaffe zufliefse, fo ftieg die Zahl der
Strafurtheile in der Diöcefe Sevilla allein auf Hundert-
taufend und darüber, wie neben Paramo (l. c. p. 140)
auch Zurita angibt. Vom Grofsinquifitor Bifchof
DIEGO DE ARCE REYNOSO (1643—1665) berichtet
der Secretär der Inquifition in Toledo als Biograph
diefes Mannes, dafs in diefen 22 Jahren 16 Autos
und 300 Autillos (Autos mit geringerer Feierlichkeit)
gehalten und in diefen über 13,000 zu verfchiedenen
Strafen verurtheilt, nebftdem aber mehr als 12,000
jüdifche Familien verbannt worden feien. Bei dem
grofsen Auto zu Madrid (1680) handelte es fich um
119 Verurtheilte, von denen 19 perfönlich, 34 im
Bilde verbrannt worden find. Längere Zeit hindurch
war die Zahl der Verftorbenen, deren Gebeine aus-
gegraben und verbrannt wurden, faft ebenfo grofs als
die der lebendig Verbrannten. Es lag das im In-
tereffe des königlichen Fiskus, dem das Vermögen
der Todten mit Enterbung ihrer Familien zufiel.

Die Behauptung Llorente's und Anderer, dafs
das fpanifche Volk das Joch des heil. Officiums ftets
mit äufserftem Widerwillen ertragen habe, ift nicht
richtig. Den unter der Herrfchaft des Officiums her-
anreifenden Generationen prägte man ein, dafs das-

felbe ebenfo nothwendig als heilfam fei. Es gelang
dies um fo leichter, da den Machthabern und Inquifitoren der durch acht Jahrhunderte des Glaubens-
kampfes grofsgezogene fanatifche Zug im Charakter
der Nation wider Juden und Moslims entgegen kam.
Und da von denen, die einmal in den Händen des
Tribunals fich befunden und mit Leben und Freiheit
davon gekommen waren, Keiner eine Mittheilung über
das, was ihm widerfahren, machen durfte, wollte er
nicht fogleich wieder eingezogen werden, fo wurde die
Ungerechtigkeit und Graufamkeit des Verfahrens nicht
einmal ruchbar.

Anderthalb Jahrhunderte lang (1550—1700) ftand
die fpanifche Inquifition in ihrer vollen Blüthe. Sie
entwickelte, fortwährend getragen von der Gunft der
Päpfte, nach allen Seiten hin und auf den verfchie-
denften Gebieten des menfchlichen Lebens ihre Macht
und ihren überwältigenden Einflufs. Namentlich hatte
die Inquifition an den Jefuiten eine auserlefene Schaar
von Vertheidigern erhalten. Sie übertrafen darin noch
die Dominikaner, obgleich fie nicht fo thätigen An-
theil an ihrem Gefchäfte nahmen. Unermüdlich waren
fie im Preife des Inftituts, feiner Vortrefflichkeit und
Unentbehrlichkeit. Suarez, der gefeiertfte fpanifche
Theologe des Ordens, empfahl, folche, welche dog-
matifirten, d. h. ihre Meinungen anderen mittheilten,
auch wenn fie widerrufen und alles geleiftet hätten,
doch dem weltlichen Arme zur Verbrennung zu über-
liefern; denn dies erfordere »die Gunft des Glaubens«.
Unter der habsburg'fchen Dynaftie war und blieb die
Inquifition Herr und König der fpanifchen Nation.
Die Autodafés galten als regelmäfsig wiederkehrende

öffentliche Unterhaltungen, bei welchen, da fie lange
dauerten, Erfrifchungen für die Inquifitoren und das
fchauluftige Publikum umhergereicht wurden und diefes
Publikum fich enttäufcht und verftimmt fühlte, wenn
ihm etwa einmal nur Ein Ketzer auf dem Scheiterhaufen zum Beften gegeben wurde. Mit einem Auto-
dafé wurde die Ankunft einer jungen Königin ge-
feiert, die Melancholie eines kränklichen Königs
(CARL' II.) zu verfcheuchen verfucht. Granden und
Barone rechneten es fich zur Ehre, bei der Execution
als Schergen (Alguazils) Dienfte zu leiften, — nach
dem Beifpiel jenes caftilianifchen Königs, des heil.
FERDINAND, welcher mit eigenen Händen Holz zu
den Scheiterhaufen der Ketzer herbeigetragen hatte.
Mit dem Beginne der bourbonifchen Dynaftie änderte
fich dies. PHILIPP V. verzichtete zum Erftaunen der
Spanier auf den ihm zugedachten Genufs eines Autodafés. Trotzdem mifslang ein von der vorübergehend
am fpanifchen Hofe mächtigen Prinzeffin ORSINI in
Verbindung mit dem kühnen MACANAZ, der früher
felbft ein Vertheidiger der Inquifition gewefen, unter-
nommener Verfuch, das Tribunal zu reformiren oder
durch Rückgabe feiner Gewalt an die Bifchöfe aufzu-
heben, vollftändig. Die Prinzefs wurde nicht blos ge-
ftürzt, fondern die Autos und Autillos kamen in
neuen Auffchwung. Erft unter FERDINAND VI. und
CARL III. brach die Morgenröthe einer befferen
Zeit an.

Was aber waren die Folgen der Inquifition in
Spanien? Die nächfte war: ein weites Umfichgreifen
der Heuchelei, ein religiöfer Cult, welchem jede innere
religiöfe Ergriffenheit mangelte. Die roheften Formen

einer an Idolatrie und Polytheismus grenzenden Super-
ſtition wurden von der Inquiſition nicht nur nicht an-
getaſtet, ſondern geradezu gepflegt. Kirchliche An-
dacht, thieriſche Wolluſt und tigerartige Mordgier
vertrugen ſich aufs beſte. In PHILIPP II, dieſem
modernen Tiberius, hat Spanien ſein Muſter eines
Inquiſitions-Chriſten. Er lebte in ſtetem Ehebruch und
wechſelte ſeine Maitreſſen nach Laune; er war über-
legter Lügner und Mörder, aber ſoweit es ſich um
unermüdete Theilnahme an allen kirchlichen Feier-
lichkeiten handelte, wurde er von Niemanden übertroffen. Ganz Spanien war voll von ſeiner Frömmigkeit
und ſeiner Hingebung an den Papſt, der ihn ſeinen
theuerſten Sohn und die Säule der katholiſchen Kirche
nannte. Mit Bewunderung wiederholte man das Wort,
welches PHILIPP beim groſsen Autodaſé zu Valladolid
geſprochen, daſs er ſelbſt das Holz zum Scheiterhaufen
zutragen wolle, wenn ſein Sohn häretiſch würde.

Alle ſchlechten Eigenſchaften des ſpaniſchen
Nationalcharakters, ſchonungsloſe Grauſamkeit, Habgier, falſcher Stolz und Pochen auf eingebildete Vorzüge mit Verachtung und Vernachläſsigung der wahren
ſocialen Tugenden, blinder Racenhaſs, Luſt zum
Müſſiggang, wurden durch die Inquiſition gepflegt und
weiter geſteigert. Die Spanier offenbarten damals
diesſeits und jenſeits des Oceans, weſſen eine unter
der Herrſchaft der Inquiſition und im Widerſcheine
ihrer Scheiterhaufen herangewachſene, zu erbarmungs-
loſer Härte und kalter Grauſamkeit gegen Anders-
gläubige förmlich erzogene Generation fähig ſei. Be-
darf es wohl der Bemerkung, daſs die Inquiſition dem
freien Aufſchwung der Geiſtes in der Wiſſenſchaft

höchſt verderblich wurde? Spanien hatte um die Zeit
der Einführung der Inquiſition einen mächtigen geiſtigen
Auffchwung in der Literatur genommen. Und wenn
die fchlimmen Wirkungen diefes Inftituts auch anfänglich nicht gleich nackt zu Tage traten, ſo blieben
ſie doch nicht aus. Um die Zeit der Thronbeſteigung
PHILIPP' III. war die geiſtige Blüthe bereits geknickt.
Die Gefchichtsfchreibung ſank wieder zur Chronik
herab, die Naturwiffenfchaft und Mathematik blieben
ganz vernachläſſigt, biblifche und kirchenhiftorifche
Studien waren unmöglich geworden, nur fcholaftifche
Philofophie und Theologie wucherten in bändereichen
Werken fort. Ein Blick auf die Gefchichte Spaniens
lehrt, wie nichts mehr geeignet iſt, ein unfägliches,
bis in ferne Generationen fortwirkendes Unheil über
ein Volk zu bringen, als eine corrumpirte Religion
und damit harmonirende Theologie.

Der Bifchof von Rom und eine hab- und herrfch-
füchtige Curie blicken, dafür zeugt die Canonifation des
PETER ARBUES, fehnfüchtig auf jene Zeiten zurück,
in welchen die Inquifition »blutig roth« geblüht und
»gold-gelbe« Frucht gereift hatte. Aber die Wünfche
diefer geiftlichen Macht find — Gott fei Dank! —
nicht mehr die Wünfche der Völker. Der freie Gedanke hat aus der Nacht das Licht gerufen, und ein
neuer Tag der Weltgefchichte iſt aufgegangen. Mag
auch der Lichtgeiſt mit dem Geiſt der Finſterniſs
noch zu ringen haben: wer glaubt an den Vater des
Lichts und zweifelt an feinem Siege?